BEI GRIN MACHT SICH IHR WISSEN BEZAHLT

- Wir veröffentlichen Ihre Hausarbeit, Bachelor- und Masterarbeit

- Ihr eigenes eBook und Buch - weltweit in allen wichtigen Shops

- Verdienen Sie an jedem Verkauf

Jetzt bei www.GRIN.com hochladen und kostenlos publizieren

Bibliografische Information der Deutschen Nationalbibliothek:

Die Deutsche Bibliothek verzeichnet diese Publikation in der Deutschen Nationalbibliografie; detaillierte bibliografische Daten sind im Internet über http://dnb.d-nb.de/ abrufbar.

Dieses Werk sowie alle darin enthaltenen einzelnen Beiträge und Abbildungen sind urheberrechtlich geschützt. Jede Verwertung, die nicht ausdrücklich vom Urheberrechtsschutz zugelassen ist, bedarf der vorherigen Zustimmung des Verlages. Das gilt insbesondere für Vervielfältigungen, Bearbeitungen, Übersetzungen, Mikroverfilmungen, Auswertungen durch Datenbanken und für die Einspeicherung und Verarbeitung in elektronische Systeme. Alle Rechte, auch die des auszugsweisen Nachdrucks, der fotomechanischen Wiedergabe (einschließlich Mikrokopie) sowie der Auswertung durch Datenbanken oder ähnliche Einrichtungen, vorbehalten.

Impressum:

Copyright © 2017 GRIN Verlag, Open Publishing GmbH
Druck und Bindung: Books on Demand GmbH, Norderstedt Germany
ISBN: 9783668490574

Dieses Buch bei GRIN:

http://www.grin.com/de/e-book/368937/federicis-produktionsbegriff-in-die-reproduktion-der-arbeitskraft-im-globalen

Ann-Kristin Mehnert

Federicis Produktionsbegriff in "Die Reproduktion der Arbeitskraft im globalen Kapitalismus und die unvollendete feministische Revolution"

Ein Textdiskurs

GRIN Verlag

GRIN - Your knowledge has value

Der GRIN Verlag publiziert seit 1998 wissenschaftliche Arbeiten von Studenten, Hochschullehrern und anderen Akademikern als eBook und gedrucktes Buch. Die Verlagswebsite www.grin.com ist die ideale Plattform zur Veröffentlichung von Hausarbeiten, Abschlussarbeiten, wissenschaftlichen Aufsätzen, Dissertationen und Fachbüchern.

Besuchen Sie uns im Internet:

http://www.grin.com/

http://www.facebook.com/grincom

http://www.twitter.com/grin_com

1. Silvia Federici – Aufstand aus der Küche

Bei dem Text „Die Reproduktion der Arbeitskraft im globalen Kapitalismus und die unvollendete feministische Revolution" handelt es sich um den zweiten von insgesamt drei Aufsätzen der italienisch-amerikanischen Wissenschaftlerin und feministischen Aktivistin Silvia Federici aus dem ersten Band der Reihe „Aufstand aus der Küche. Reproduktionsarbeit im globalen Kapitalismus und die unvollendete feministische Revolution" des Autor_innenkolektivs „Kitchen Politics - Queerfeministische Interventionen". Dabei versucht Federici auszuloten, inwieweit die marxistische Theorie Potential zur Formulierung einer revolutionären materialistischen, antikapitalistischen Wende der Queer Theory aufweist. Um dies herauszufinden, fragt sie nach der Bedeutung von Reproduktion vor dem Hintergrund der Globalisierung und den sich daraus ergebenden Auswirkungen auf die soziale Stellung der Frauen.

Eingangs verweist die Autorin darauf, dass Feministinnen der marxistischen Theorie seit den 1970er Jahren vorwerfen, die Bedeutung der Reproduktionsarbeit innerhalb der kapitalistischen Wirtschaftsordnung nicht erfasst zu haben. In der marxistischen Theorie, in der die wertschöpfende Arbeit untrennbar mit der Warenproduktion verbunden sei, würde die Relevanz der „Reproduktionsarbeit und insbesondere der Reproduktion der Arbeitskraft"[1] innerhalb des kapitalistischen Systems abgeschwächt, wenn nicht gar ausgeblendet werden, da sie nicht als Teil der kapitalistischen Akkumulation konzipiert werde.

Im Unterschied zu Marx, dem Federici vorwirft, die Reproduktionsarbeit auf die zur Warenproduktion benötigte Arbeit und den Konsum von Waren zu reduzieren, definiert sie die Reproduktionsarbeit als die Arbeit, die zur Herstellung und Wiederherstellung von Arbeitskraft benötigt wird und definiert Reproduktionsarbeit daher als „Produktion von Arbeitskraft"[2], um zu verdeutlichen, dass die Produktion und Reproduktion von Arbeitskraft mehr als nur die Warenproduktion und den freien Markt bedarf.[3] Vielmehr seien für die Reproduktion der Arbeitskraft reproduktive Tätigkeiten notwendig, zu denen Federii wie Marx zwar auch den Konsum der Waren, aber darüber hinaus auch emotionale Arbeit, die Hausarbeit und die Pflege zählt.[4]

---

[1] Federici, Silvia (2012): „Die Reproduktion der Arbeitskraft im globalen Kapitalismus und die unvollendete feministische Revolution." In: Federici, Silveria (Hrsg.): Aufstand aus der Küche. Reproduktionsarbeit im globalen Kapitalismus und die unvollendete feministische Revolution, S. 22.
[2] Ebd., S. 49.
[3] Vgl. ebd., S. 26.
[4] Vgl. ebd., S. 39.

Für Federici stellt gerade die überwiegend von Frauen ausgeübte Reproduktionsarbeit überhaupt erst die Voraussetzung für die Reproduktion der Arbeitskraft dar, die wiederum für die Produktion von Gütern benötig wird. Gleiches gelte für die Care-[5] oder Sorgearbeit. Ohne die Versorgung von Menschen könne keine Arbeitskraft sichergestellt werden, und ohne Arbeitskraft sei keine Produktion im marxistischen Sinne in Form von Warenproduktion möglich, die sich wiederum in der Produktion von Kapital niederschlägt. Diese meist von Frauen geleisteten unbezahlten Tätigkeiten in Haushalt, Pflege und Familie sind für Federici daher konstitutiv für die kapitalistische Produktionsweise. Marx übersehe damit, dass der Kapitalismus „auf eine ungeheure Menge unbezahlter Hausarbeit [..], sowie auf die Abwertung dieser reproduktiven Tätigkeiten zwecks Senkung der Arbeitskosten"[6] angewiesen sei.

Dahingehend setzt sie Marx' These von der ursprünglichen Akkumulation als „natürliche" Vorbedingung für die Entwicklung des Kapitalismus entgegen, dass vielmehr die Aufteilung zwischen der Warenproduktion und der Arbeitskraft essenziell für die kapitalistische Entwicklung gewesen ist. Federici verweist darauf, dass nur die Warenproduktion als Arbeit anerkannt war, wohingegen die „Produktion von Arbeitskraft"[7], die sich in der häuslichen Sphäre als Hausarbeit abspielt und größtenteils von Frauen geleistet wird, als unbezahlter „persönlicher Service"[8] konzipiert wurde. Insbesondere diese konstruierte Dichotomie habe die eigentliche Grundlage für eine ökonomische Akkumulation geschaffen. Nach Federici stützt erst diese sexistische Ideologie, Reproduktionsarbeit als natürliche und unentgeltlich zu erbringende Aufgabe der Frau anzusehen, das vorherrschende kapitalistische Wirtschaftssystem. Da die Reproduktionsarbeit aber Teil der kapitalistischen Arbeitsorganisation sei, müsse davon ausgegangen werden, dass es sich hierbei um keine selbstbestimmte Tätigkeit handelt, die aus purer Nächstenliebe und reiner Fürsorge ausgeübt wird.[9] Vielmehr sei die Reproduktionsarbeit durchweg von den Bedingungen geprägt, die ihr von der kapitalistischen Arbeitsorganisation und den Produktionsverhältnissen auferlegt werde.

---

[5] Wie bei dem Begriff der „Reproduktion" variiert und auch die inhaltliche Bedeutung der „Care-Arbeit" je nach Konzept. Bei Federici ist mit Reproduktion die Funktion der reproduktiven Tätigkeiten zur Produktion und Reproduktion der Ware Arbeitskraft gemeint, mit Care spezifische inhaltlich bestimmte, häufig essentialistisch gefasste Tätigkeiten.
[6] Ebd., S. 22.
[7] Ebd., S. 39.
[8] Federici, Silvia (10.10.2012): Die Hexenjagd ist zurückgekehrt. taz-Interview zwischen Silvia Federici und Tim Stüttgen. Online abrufbar unter http://www.taz.de/!552063/, Abrufdatum: 23.01.2017.
[9] Vgl. ebd., S. 46 f.

Um diese konstruierte Dichotomie zwischen der als Arbeit geltenden und damit entlohnten Warenproduktion und der unbezahlten Reproduktion der Ware Arbeitskraft zu verdeutlichen und um zu verhindern, „dass unbezahlte Arbeit weiterhin für natürlich erklärt und sichtbar gemacht wird"[10], besteht Federici auf einer Differenzierung zwischen dem Begriff der „Produktion" und „Reproduktion" und zwar „anhand der Subjekte dieser Tätigkeiten sowie anhand der diskriminierenden Funktion des Lohnes bzw. seiner Abwesenheit"[11].

In Abgrenzung zum Begriff der Produktion, der in der marxistischen Theorie als „Produktion materieller Waren"[12] entworfen wird, zählt Federici zum Begriff der Reproduktion „das breite Spektrum von Familienangehörigen geleisteter reproduktive Tätigkeiten"[13]. Reproduktive Tätigkeiten beinhalten laut Federici zwei Dimensionen, die sich nicht voneinander trennen lassen, bestehend aus den individuellen Bedürfnissen einerseits und den Anforderungen der kapitalistischen Produktionsweise andererseits. Federici betont, dass: „so unmöglich es also ist, zwischen dem lebendigen Individuum und seiner Arbeitskraft zu unterscheiden, so unmöglich ist es auch, zwischen den beiden entsprechenden Aspekten der Reproduktionsarbeit zu unterscheiden".[14] Es würden Kinder, Verwandte und Freund_innen produziert[15] – und es werde Arbeitskraft produziert.

Marx, dem sie vorwirft, nicht „zwischen Warenproduktion und der Produktion der Arbeiter_innenschaft"[16] zu differenzieren, spiegelt sich in ihrer eigenen Produktionskonzeption insoweit wider, als sie Produktion als „Produktion von Arbeiter_innen für den Arbeitsmarkt"[17] entwirft und daher auch den Haushalt als einen solchen Ort verstanden wissen will.[18]

Welche Rolle die Hausarbeit im und für den Kapitalismus spielt, zeigt Federici mithilfe eines kurzen Exkurses zu dem englischen Industrieproletariat des 19. Jahrhundert. Dieser Exkurs, der zu den Zeiten Marx spielt, zeigt jedoch auch, dass Marx' gemindertes Interesse an den Prozessen der Reproduktion teils historisch erklärbar ist. Damals arbeiteten sowohl Männer

---

[10] Federici, Silvia (2012): „Die Reproduktion der Arbeitskraft im globalen Kapitalismus und die unvollendete feministische Revolution." In: Federici, Silveria (Hrsg.): Aufstand aus der Küche. Reproduktionsarbeit im globalen Kapitalismus und die unvollendete feministische Revolution, S 48.
[11] Ebd., S. 48.
[12] Zit. nach. Federici, Silvia (2012): „Die Reproduktion der Arbeitskraft im globalen Kapitalismus und die unvollendete feministische Revolution." In: Federici, Silveria (Hrsg.): Aufstand aus der Küche. Reproduktionsarbeit im globalen Kapitalismus und die unvollendete feministische Revolution, S. 39.
[13] Ebd., S. 49.
[14] Ebd., S. 47.
[15] Vgl. ebd., S. 46.
[16] Ebd., S. 27.
[17] Ebd., S. 39.
[18] Vgl. ebd.

als auch Frauen ganztags in den Fabriken, was sich teilweise in der niedrigen Lebenserwartung von ca. 20 Jahren niederschlug. Damit war sowohl die Hausarbeit aufgrund der langen Arbeitszeit als auch die Pflege von älteren Menschen aufgrund der niedrigen Lebenserwartung kaum relevant.[19] Mit dem Wechsel von der Leicht- zur Schwerindustrie wurde ein kräftigerer Typus arbeitender Menschen benötigt, sodass mehr in die Reproduktion von Arbeitskraft investiert werden musste, mit der Folge, dass Frauen mithilfe neuer Fabrikgesetze zunehmend aus den Fabriken genommen wurden.[20]

Dieser „gender deal"[21] hätte die Frauen auf der einen Seite als Konkurrentinnen auf dem Arbeitsmarkt ausgeschaltet, was den Männern einen neuen Wettbewerbsvorteil verschafft hätte. Auf der anderen Seite wären Frauen fortan an das Haus gebunden, für ihre Arbeit nicht mehr entlohnt und damit in existenzielle Abhängigkeit zu ihren Ehemännern als Ernährer versetzt worden. Die daraus resultierende spezielle Unterdrückung der Frau, die Engels durch den „historischen Ausschluss der Frauen von der gesellschaftlich notwendigen Arbeit"[22] begründen will, widerspricht Federici und wehrt sich mit dem Verweis auf Mariarosa Dalla Costa gegen diesen Ansatz. In Anlehnung an Mariarosa Dalla Costa sei die unbezahlte Hausarbeit weit davon entfernt, „innerhalb der kapitalistischen Akkumulation keine oder nur eine marginale Rolle zu spielen"[23]. Die Hausarbeit bringe gerade die für die kapitalistische Gesellschaft relevanteste Ware hervor in Form der Ware Arbeitskraft.[24]

Auch wenn heute die Reproduktionsarbeiten mittlerweile „als wertschöpfende Dienstleistungen organisiert worden, die Arbeiter_innen käuflich erwerben müssen",[25] hat dies nach Federici weder die häusliche und unbezahlte Hausarbeit beendet, noch die geschlechtliche Arbeitsteilung außer Kraft gesetzt. Laut Federici muss daher klar sein, dass der Weg zur Befreiung nicht darin bestehen kann, um Lohnarbeit zu kämpfen, denn „Lohnarbeit mag eine Notwendigkeit sein, sie kann aber keine politische Strategie sein."[26]

---

[19] Vgl. Schilliger, Sarah (2013): „Rund um die Uhr für Sie da". In: terra cogita 23/2013, S. 47.
[20] Vgl. Federici, Silvia (2012): „Die Reproduktion der Arbeitskraft im globalen Kapitalismus und die unvollendete feministische Revolution." In: Federici, Silveria (Hrsg.): Aufstand aus der Küche. Reproduktionsarbeit im globalen Kapitalismus und die unvollendete feministische Revolution, S. 30.
[21] Ebd., S. 31.
[22] Ebd., S. 39.
[23] Ebd.
[24] Ebd., S. 39 f.
[25] Ebd., S. 48.
[26] Ebd., S. 82.

Damit sei die im kapitalistischen System entlohnte und vertraglich geregelte Arbeit nicht die einzige Form, in der Arbeit und Ausbeutung vorkomme. Ganz im Gegenteil sei eine kapitalistisch organisierte Gesellschaft auf die unentgeltlich geleistete Arbeit im Haushalt angewiesen, und damit auf einen ganz bestimmten Typus von Familie, Sexualität und Heteronormativität.[27] Mit diesem Deutungsrahmen eröffne sich ein neuer Horizont für politische Kämpfe rund um Familie und Haushalt. Die Privatsphäre werde damit zur Sphäre von Produktionsverhältnissen und erhalte politische Relevanz, wenn Ehestreitigkeiten Ausdruck von ungleichen Machtverhältnissen seien und Abtreibungsgesetze einen Versuch der Regulierung des Arbeitsmarktes darstellten.[28] Federicis kommt daher zu der Erkenntnis, dass „Staat und Kapital unser Leben und unsere Reproduktion unter den Akkumulationsprozess subsumiert haben und dabei sogar bis in unsere Schlafzimmer vorgedrungen sind"[29].

Hiermit verdeutlicht Federici, dass es nicht nur um die Reproduktion von Menschen geht, sondern dass diese Reproduktion im Rahmen der kapitalistischen Arbeitsorganisation geschieht.[30] Menschliche Arbeitskraft ist für die Kapitalakkumulation solange notwendig, wie es „Arbeitskraft nur als etwas im lebendigen Individuum verkörpertes geben kann"[31]. Sie stellt somit in Aussicht, dass mithilfe des technischen Fortschritts die Arbeitskraft möglicherweise auch in einer anderen Form existieren und der Mehrwertproduktion dienen kann. Vor dem Hintergrund der Reproduktion steht sie der technischen Entwicklung allerdings sehr skeptisch gegenüber, da diese in Bezug auf die Reproduktionsarbeit nur einen beschränkten Beitrag leisten könne.[32]

---

[27] Vgl. ebd., S. 41.
[28] Vgl. ebd.
[29] Ebd., S. 41
[30] Vgl. ebd., S. 46 f.
[31] Ebd., S. 47.
[32] Vgl. ebd., S. 75.

2. Biografische und historische Kontextualisierung

Silvia Federici ist emeritierte Professorin für politische Philosophie und Women Studies an dem New College der Hofstra Universität in New York[33] und Mit-Begründerin des im Juli 1972 ins Leben gerufene International Feminist Collective, welches zeitgleich die internationale „Lohn für Hausarbeit-Kampagne" startete.[34] Dahingehend formieren sich ihre Überlegungen zur Verbindung zwischen Kapitalismus und dem Geschlechterverhältnis insbesondere vor dem Hintergrund der „Lohn-für-Hausarbeit-Kampagne", die den Zweck hatte, Hausarbeit sichtbar zu machen und in das öffentliche Bewusstsein zu rücken, um dort wiederum umzuformulieren, was diese Arbeit ist.[35] Die Kampagne stellt dabei einen durchgängigen Bezugs- und Reibungspunkt zur Reproduktionsarbeit dar, der die Produktion und Reproduktion der Ware Arbeitskraft als notwendigen Teil der kapitalistischen Akkumulation diskutiert.

So beruht auch Federicis aktueller Aufsatz „Die Reproduktion der Arbeitskraft im globalen Kapitalismus und die unvollendete feministische Revolution" auf ihrer feministischen Kritik an Marx' Kapitalismusanalyse, die sie im Rahmen der Kampagne bereits in den 1970er Jahren formulierte. Diese Kritik greift Federici erneut auf und verwendet sie als Vorlage, um sie in die derzeitigen gesellschaftlichen Zusammenhänge zu überführen und dahingehend zu erweitern.

Neben Theorien der antikolonialen Kämpfe und der Bürgerrechtsbewegung in den USA, ist Federicis Denken geprägt vom italienischen Operaismus der 1960er Jahre, der auf der Annahme beruht, dass gesellschaftlicher Wandel „von der Initiative des Proletariats ausgeht, während die kapitalistische Klasse gezwungen ist, darauf zu reagieren"[36]. Die vom Operaismus verfolgte Lesart von Marx, die einen „Bruch mit der evolutionären Lesart des Marxismus markierte",[37] verhalf Federici die „politische Dimension des Lohnverhältnisses als eine primäre Form der sozialen Herrschaft" zu verstehen.[38]

---

[33] assemblage (02.05.2012): Aufstand aus der Küche. Online abrufbar unter https://www.edition-assemblage.de/aufstand-aus-der-kuche/, Abrufdatum: 26.01.2017.
[34] Vgl. ebd., S. 37 f.
[35] Vgl. Federici, Silvia (24.02.2014): The Making of Capitalist Patriarchy. Interview with Silvia Federici. Online abrufbar unter http://www.thenorthstar.info/?p=11947, Abrufdatum: 25.01.2017.
[36] Adamczak et al. (2012): „Einleitung oder Anleitung zum Aufstand aus der Küche". In: Federici, Silveria (Hrsg.): Aufstand aus der Küche. Reproduktionsarbeit im globalen Kapitalismus und die unvollendete feministische Revolution, S. 9.
[37] Federici, Silvia (2012): „Die Reproduktion der Arbeitskraft im globalen Kapitalismus und die unvollendete feministische Revolution." In: Federici, Silveria (Hrsg.): Aufstand aus der Küche. Reproduktionsarbeit im globalen Kapitalismus und die unvollendete feministische Revolution, S. 38.
[38] Federici, Silvia (10.10.2012): Die Hexenjagd ist zurückgekehrt. taz-Interview zwischen Silvia Federici und Tim Stüttgen. Online abrufbar unter http://www.taz.de/!552063/, Abrufdatum: 23.01.2017.

Doch wie viele andere marxistische Feministinnen, trat auch Federici aufgrund ihrer feministischen Kritik an Marx aus den männlich dominierten operaistischen Gruppierungen aus, um die Konzipierung einer neuen Kapitalismusanalyse anzustreben, die den in der marxistischen Theorie fehlenden Stellenwert der Reproduktionsarbeit betont und Ausbeutungs- und Arbeitsverhältnisse neu denkt. Federicis aktueller Aufsatz kommt diesem Anliegen insoweit nach, als dass ihre auf das aktuelle Zeitgeschehen bezogene Erkenntnisse tatsächlich als Fortschreibung und Aktualisierung einer feministischen Kritik der politischen Ökonomie zu verstehen sind, die in einer aktuellen Kritik der Reproduktionsarbeit Ausdruck finden.

Literatur- und Quellenverzeichnis

Monographien

- Mies, Maria (1992): Patriarchat und Kapital. Frauen in der internationalen Arbeitsteilung. 4. Auflage. Zürich: Rotpunktverlag.

Sammelbänder

- Adamczak, Bini; Laufenberg, Mike; Reuschling, Felicita; Speck, Sarah; Tedjasukmana, Chris (2012): „Einleitung oder Anleitung zum Aufstand aus der Küche". In: Federici, Silveria (Hrsg.): Aufstand aus der Küche. Reproduktionsarbeit im globalen Kapitalismus und die unvollendete feministische Revolution. (S. 6-20). Münster: Ed. Assemblage.
- Federici, Silvia (2012): „Die Reproduktion der Arbeitskraft im globalen Kapitalismus und die unvollendete feministische Revolution." In: Federici, Silveria (Hrsg.): Aufstand aus der Küche. Reproduktionsarbeit im globalen Kapitalismus und die unvollendete feministische Revolution. (S. 21-86). Münster: Ed. Assemblage.
- Schilliger, Sarah (2013): „Rund um die Uhr für Sie da". In: terra cogita 23/2013.

Internetquellen

- assemblage (02.05.2012): Aufstand aus der Küche. Online abrufbar unter https://www.edition-assemblage.de/aufstand-aus-der-kuche/, Abrufdatum: 26.01.2017.
- Federici, Silvia (24.02.2014): The Making of Capitalist Patriarchy. Interview with Silvia Federici. Online abrufbar unter http://www.thenorthstar.info/?p=11947, Abrufdatum: 25.01.2017.
- Federici, Silvia (10.10.2012): Die Hexenjagd ist zurückgekehrt. taz-Interview zwischen Silvia Federici und Tim Stüttgen. Online abrufbar unter http://www.taz.de/!552063/, Abrufdatum: 23.01.2017.

BEI GRIN MACHT SICH IHR WISSEN BEZAHLT

- Wir veröffentlichen Ihre Hausarbeit, Bachelor- und Masterarbeit

- Ihr eigenes eBook und Buch - weltweit in allen wichtigen Shops

- Verdienen Sie an jedem Verkauf

Jetzt bei www.GRIN.com hochladen und kostenlos publizieren